BOOKS & SMITH
New York Editors

De Roberto…

Reflexiones, versos
Y mucho más

Interesantes versos,
pensamientos, composiciones…
inspirados en el amor,
la Madre Naturaleza,
y momentos especiales
de mi cotidiano vivir.

ROBERTO RICHARDSON

Poesía

De Roberto... Reflexiones, versos y mucho más

Publicado por Books & Smith New York editors

Primera Edición, 2016

Diseño de portada: Edgar Smith
Imagen de portada: Roberto Richardson

ISBN: 978-0-9897193-6-0

Agradecimiento

Agradezco la oportunidad que me han brindado en la Tertulia Pedro Mir para presentar mis versos y composiciones. Jamás olvidaré la primera vez que me atreví a exponerme al público, cuando leí "Felicidad". Mi voz apenas podía salir, estaba tan emocionado, o rebosado, que con voz entrecortada apenas pude terminar de leerlo. Sin embargo, me sentí tan bien al escuchar los aplausos, y posteriores felicitaciones, que me sentí motivado a seguir asistiendo.

Mi agradecimiento a mi cuñada Nurys Heredia por haberme introducido a la Tertulia Pedro Mir. Agradezco también, en el plano personal, a los Señores Rafael Jacobo, César Sánchez Beras, y Frank Greer, quienes en sus respectivos programas en La Radio, me dieron la oportunidad de leer algunos de mis versos.

No puedo pasar por alto mi sincero agradecimiento a una bella persona, Doña Rhina P. Espaillat. Doña Rhina, con sus profundos conocimientos de la escritura y de la poesía en Español, así como en Inglés, se ha convertido en un faro que orienta a muchos de los inmigrantes que nos embarcamos en las naves de la escritura y la composición de versos. Esa luz, sin lugar a dudas, nos permite arribar a puerto seguro y no zozobrar. Gracias, Doña Rhina, por brindarme parte de su valioso tiempo, y por su desinteresada colaboración. También, va mi reconocimiento a la Sra. Wanda Cruz por su sostenido apoyo y esfuerzos.

No podría yo publicar este libro sin hacer reconocimiento a esa persona que inspiro gran parte de mis versos, iluminó el laberinto de mi corazón, y despertó en mí sentimientos muy profundos, de una manera muy especial. Gracias, "LJCB", por todos aquellos inolvidables momentos que han quedado plasmados en mis versos y en mi vida.

Dedicatoria

Este obra, "De Roberto...", está dedicada especialmente a mis padres, Bárbara Guillén de Richardson (Thelma), y George Richardson (Horacio). También, a todos mis familiares, amistades, y compañeros de trabajo, que siempre me han alentado y exhortado a crear un libro con mis composiciones. A mi tía Albertina Richardson de Gil (Ana) , y a su esposo Eduardo Gil, fallecidos; a mis hermanos Jorge Richardson –fallecido en Enero 12, 2002- y Rafael Richardson (Celo); a mi querida hija Yaniris Santana (Buba); a mi querida Hermanita/Cuñada María (Juana), y a mis primo-hermanos: Ana Ortiz (Annie), Sebastian Ferdinand y su esposa Miriam, Ernesto Libert, Richard Miller, Ana Julia, Bertina Ruth, Federico y Andrés Gil. También a mis tías Lidia Ovalle, Sila Guillén, Digna Guillén y Altagracia Guillén (Estebania). Gracias a todos por su inconmensurable apoyo.

Extiendo la dedicación a mi querida amiga de infancia, María Luisa Vélez Martínez, fallecida el 29 de Abril, 2008. Me impactó mucho cuando su hija Tania me lo comunicó, tres años después, cuando quise sorprenderla con mi visita; el sorprendido fui yo. Luisa era una persona muy dinámica y de una mentalidad muy abierta para su época. Recuerdo que disfrutábamos mucho al escuchar las canciones de El Zafiro, y Tania de Venezuela. Era una admiradora excepcional de Tania y sus canciones; tanto así, que nombró a su única hija, Tania.

También, extiendo la dedicación a mi querida comadre María Altagracia Santana de Libert (Tati), fallecida el 18 de Enero, 2014. Tati fue una madre ejemplar, cuya pasión era asistir a sus semejantes, sin importar su procedencia o creencia. Su risa era algo que delataba su presencia en cualquier ambiente; es algo que nunca se apartará de mis recuerdos. Con ambas -Luisa y Tati- tuve el privilegio de compartir risas, llantos, y encantos. Siempre las recordaré como dos personas llena de una energía positiva, de nobles sentimientos y de mucha sinceridad. Sé que ellas hubieran disfrutado, compartido, y celebrado conmigo la publicación de este libro.

Debo señalar que el motivo principal que me ha impulsado a publicar el libro "De Roberto" es el dar a conocer a todos mi mamá (Thelma), a través de mis versos y composiciones. Mis padres soportaron muchos sacrificios para dar a mis hermanos y a mí, algo que ellos no tuvieron la oportunidad de lograr; ir a la escuela y obtener una educación o profesión. Ellos fueron muy celosos con nuestra educación escolar, y no escatimaban esfuerzos para que asistiéramos a la escuela uniformados, desayunados, y con todas las tareas escolares y del hogar terminadas.

De mis padres, respecto de mí, puedo decir que los asocio con un carro, donde mi padre sería "La carrocería", y mi madre, "El motor". No puedo negar el extraordinario parecido físico con mi padre; me considero una copia de él. No obstante, todo aquel que ha tenido la oportunidad de compartir con mi madre, puede reconocer instantáneamente, que nos identificamos en pensamientos, sentimientos, y comportamiento; es algo de lo que me siento muy orgulloso. Mi vida está ligada a mi madre de una manera muy especial. Fui su último hijo, y casi perdemos la vida ambos cuando se le presentó el parto prematuro a los siete meses de embarazo. Esto fue una experiencia muy dolorosa para ella, tanto física como emocionalmente. Siempre se recuerda de aquellos momentos, y aunque dolorosos, le place mucho el contárselo a mis amistades.

Quisiera que todos aquellos que tengan la oportunidad de leer el libro "De Roberto", vean a mi mamá al través de él, y lo consideren como una obra suya que yo he logrado publicar, porque ella, simplemente, no pudo tener acceso a educación escolar por ser integrante de un hogar numeroso y muy humilde, que vivía en una zona rural. Espero que aquellos que la conocen puedan decirle: ¡Lo lograste, Thelma! Lamentablemente, en la actualidad su salud mental está afectada de "Alzheimer's", y quizás esto no le permita captar en toda su extensión el significado que este libro debiera tener para ella, como madre abnegada y sacrificada, y para mí, al dedicárselo a ella con todo mi amor y agradecimiento.

Es propicia la ocasión para exhortar a todos aquellos que tienen a un ser querido afectado de "Alzheimer's", para que se eduquen acerca de cómo este mal afecta a las personas, cómo identificar los síntomas, y buscar los medios de asistir a los afectados, que en la generalidad de los casos, no están conscientes de su nuevo y extraño comportamiento. Esta enfermad está afectando a la humanidad cada día más en una proporción muy elevada. Quiero que sepan que una persona afectada de "Alzheimer's" necesita, sobre todo, de mucho amor, mucha comprensión, y mucha dedicación. No olvidemos que nosotros recibimos de ellos esto, y mucho más. Así, que, eduquémonos, y preparémonos para devolverles a ellos parte de lo mucho que nos han brindado con mucho amor.

Doy gracias a Dios – una vez más - por haberme dado ese don de componer versos, y agradezco a todas aquellas personas que me han estimulado con sus cumplidos cuando les he presentado mis composiciones. Gracias, por empujarme hacia la realización de lo que es hoy el libro "De Roberto". Espero que puedan deleitarse con todo su contenido.

Introducción

Permítanme introducirme diciéndoles que no me considero ser un poeta, sino una persona que en sus tiempos de ocio -o cuando le visita la musa- incursiona en la escritura acerca de diferentes tópicos, principalmente el amor y la madre naturaleza. Más bien, me consideraría un compositor. Debo admitir que nunca antes había sido amante a la lectura de libros u obras literarias. Quizás, por eso escribo en un lenguaje corriente, sin palabras rebuscadas, y sin ningún apego a regla o métrica; simplemente, tomo el lápiz y escribo lo que pienso y lo que siento, tal como lo percibo.

Recuerdo que en la Escuela Primaria Puerto Rico, en San Pedro de Macorís, al finalizar el año escolar se acostumbraba hacer una actividad artística para entregar las notas, y anunciar la promoción de curso. Cuando finalicé el Sexto Grado, el día de entregar las notas, la profesora iba llamando uno a uno los nombres de los promovidos. Cada uno tenía que cantar, recitar, o decir algo. Yo me decía dentro de mí, "Bueno, aquí habrá problemas, porque yo no sé hacer nada de eso". Cuando finalmente llamaron mi nombre, y mis compañeros aplaudieron, fue ahí donde la puerca retorció el rabo, porque la profesora se negaba a entregarme las notas si yo no actuaba. Lloré, no sé si de impotencia o de enojo, pero me convencí de que algo tenía que hacer. Con la voz entrecortada por los sollozos, lo único que se me ocurrió decir o recitar fue, "Los zapatitos me aprietan; las medias me dan calor; el beso que me dio mi madre, lo llevo en el corazón".

Eso fue el show de fin del año escolar en mi curso; todos me relajaban, incluso mis hermanos. Sólo hago este relato para destacar la poca inclinación que tenía hacia el arte o la escritura, o por qué no decir, hacia el exponerme al público.

Admiraba a mis compañeros de estudios y otras personas cuando los escuchaba hablar de Gabriel García Márquez y su obra "El Coronel no Tiene Quien le Escriba", así como de muchos otros autores y sus correspondientes obras. No fue sino hasta que en el Tercer Teórico, me encontré con la obra literaria que impactaría mi vida desde ese momento y para siempre. Cuando por primera vez leí "For Ever" -de Fabio Fiallo- instantáneamente, como un rayo fulminante, sentí que impactó mi vida. Yo no era una persona dada a versar, y ahí me encontraba, tratando por primera vez en mi vida de aprenderme de memoria esos versos. No sé si era porque me identificaba profundamente con su contenido, o porque simplemente, esa obra estaba llamada a orientar mis primeros pasos hacia el mundo de la escritura o composición de versos.

De ahí en adelante -creo que sin darme cuenta- mi vida se fue orientando hacia escuchar, admirar y hasta cantar canciones románticas. En mi pueblo se veían los canales de televisión de Puerto Rico sin ninguna dificultad. Recuerdo que me gustaba mucho El Show de Olga y Tony. En ese programa escuché por primera vez "Poema 20", cantado por Lissette Álvarez. El contenido de esa canción me influenció tanto, que la cantaba una y otra vez -claro, dentro de mí- hasta aprendérmela; la hice como un himno para mí. Luego siguieron canciones románticas de artistas tales como Marco

Antonio Muñiz, Roberto Yanes, Leonardo Fabio, Toña La Negra, Carmen Delia Dippiní, y muchos otros más, hasta llegar a los románticos y salsa/boleros contemporáneos. Quizás, a eso se debe que mis versos o composiciones -en muchos de los casos- los considero orientados a canciones. Desafortunadamente, no poseo la capacidad de componer música para hacerlos éxitos. Espero que otras personas con esa habilidad puedan encontrar valor en ellos, y completar el trabajo.

No puedo dejar de señalar que el mayor de los factores que coadyuvó a que me enamorara de la composición de versos, fue el hecho de haber tenido el privilegio de ser alumno de uno de los más altos exponentes de la Literatura Dominicana, el Lic. Pedro Mir. En mi primer año en el Colegio Universitario de la Universidad Autónoma de Santo Domingo, asistí a la Cátedra de Filosofía impartida por él. Se podría decir que su sola presencia en el aula iluminaba, y que aún aquellos sin ninguna inclinación hacia la literatura se interesaban, y sentían un profundo respeto y admiración hacia él al escucharlo versar -porque hasta conversando parecía que versaba-.

Se podría decir que la inclinación hacia la composición de versos era algo latente en mí, que sólo esperaba el momento oportuno para florecer. Creo que es algo que heredé de mi madre, la cual no tuvo la oportunidad de asistir a la escuela, donde habría podido desarrollar, sin lugar a dudas, su innata capacidad narrativa. Ella, para narrar algo, lo hacía con lujo de detalles tal, que uno tenía que decirle, "Pero ya mamá, dígame en fin, que fue lo que pasó". También, en sus conversaciones, ella era muy dada a los detalles o rodeos para decir las cosas; y era muy picaresca, por cierto.

Las personas que han tenido la oportunidad de tratarme más de cerca, dicen que yo le busco el "doble sentido" a todo; esto es, como buscarle o tomarle el sentido chistoso, o jocoso. Bueno, no sé si es del todo cierto. La verdad es que es algo que no hago intencionalmente, ni que me esfuerzo en hacerlo; me sale natural, sin pensarlo, pero sin ninguna malicia. Es algo que también he heredado de mi mamá, y que agradezco a Dios por haberlo plantado en ella, y por habérmelo pasado a mí. Esto ilumina mi vivir y me hace reír y sonreír a todos los que me rodean, que muchas veces no pueden evitar el contagio de reír y sonreír también, lo cual me hace muy feliz.

Unas palabras para el Libro de Roberto

El gran poeta de América, Neftalí Reyes, conocido también como Pablo Neruda, en su libro de las Odas, escribió un poema que es una crítica a la crítica.

"…Yo escribí cinco versos: uno verde, otro era un pan redondo, el tercero una casa levantándose, el cuarto era un anillo, el quinto verso era corto como un relámpago y al escribirlo me dejó en la razón su quemadura. Y bien, los hombres, las mujeres, vinieron y tomaron la sencilla materia, brizna, viento, fulgor, barro, madera y con tan poca cosa construyeron paredes, pisos, sueños. En una línea de mi poesía secaron ropa al viento. Comieron mis palabras, las guardaron junto a la cabecera, vivieron con un verso, con la luz que salió de mi costado…"

Ese poema lo he releído multitud de veces y siempre tengo la misma sensación de desamparo al leerlo. Igualmente me pregunto ¿Quién soy yo para decir qué poema se salvará de las llamas del tiempo y cuál texto sobrevivirá a la molicie de los años?...también me asalta la necesidad de saber para qué sirve o debe servir la poesía. He leído este primer libro de Roberto Richardson y he recordado tanto a Neruda y creo haber encontrado algunas de las respuestas posibles a mis preguntas. La poesía debe servir para tender al aire libre las ropas del hombre que trabaja. Para envainar el machete del hombre que abre el corazón de la tierra para que para la cosecha y la esperanza. La poesía debe servir como velero para buscar horizontes y como alero para guarecerse de la lluvia del insomnio. Debe ser lenguaje universal para hablarle a la madre, a la rosa y al arcoíris, a la pobreza del infortunio y al delirio del amor que sublimiza. La poesía debe hablarles a todos en su redondez total y a cada uno en sus aristas particulares. Y esa poesía es la que construye Roberto Richardson. Una poesía tan clara, tan diáfana, tan transparente que a través de ella, y con ella, se puede ver el otro mundo que está fuera del poeta. Este libro no es un tratado poético para hablar del canon literario de una generación en particular, es un libro para hablar de la vida, de la vida simple de un poeta. Un libro como una cuerda tendida para que el hombre sensible cuelgue en ella lo mejor de su ser. Gracias, muchas gracias Roberto, por darle a la poesía otro hijo legitimo para su luminosa descendencia.

César Sánchez Beras, 2015

Índice:

A Ella, Tú Que La Tienes

Ella, a este mundo te trajo
Ella, con amor y dedicación
tu futuro moldeó
Ella, incontables sacrificios
por ti soportó.
--
Aunque hayas ingresado
a la universidad y triunfante
hayas salido de allá.
Aunque te hayas casado
y muy felizmente
una familia hayas creado,
algún día,
si de Ella te has olvidado,
mucho la vas a extrañar.
--
Y ése día llorarás.
Inocentes lágrimas
surcarán tus mejillas
y culpable te sentirás;
gran dolor te embriagará
porque ese día
a tu lado
Ella ya no estará.
--
y no habrá teléfono,
ni internet,
ni ninguna otra red
que tu mensaje
pueda hacerle llegar
porque ya,
a una eterna felicidad, lejos del dolor,
la soledad, el abandono y el sufrimiento,
el Señor se la habrá llevado.

--
A Ella,
tú que la tienes,
bríndale amor.
a Ella,
tú que la tienes,
demuéstrale aprecio
por todos sus sacrificios
y su dedicación.
--
Con Ella,
tú que la tienes,
reconcíliate ahora,
si por alguna insensatez
de Ella te has separado.
porque el mañana
a nadie le es garantizado
--
Y quizás mañana,
si sientes hacerlo,
Ella ya no estará;
o quizás mañana
si no lo haces hoy,
ya no podrás hacerlo
porque de repente
de este mundo
te habrás ido.
--
Tú, que aún la tienes,
a Ella, tu madre, dale un beso
y un abrazo fuerte
y llévala por siempre
como divino tesoro
dentro de tu corazón.

A Mi Mamá

Es la vida
en la naturaleza
un proceso tal,
que después de nacer
nos permite desarrollar
y cosechar el fruto de amar.
--
Nacen las estrellas en el cielo
para darnos un firmamento
de lo más variado y hermoso.
Nacen los ríos en las montañas
para bañar la tierra que nos ama.
--
Nacemos los hombres
de un algo muy especial
que en la historia natural
no se puede comparar.
De una mujer sin igual
que en todo lugar
le llaman "Madre" o "Mamá".
--
Es la madre el ser
que con ningún otro
tiene parecer.
Porque para un hijo
como su madre
ninguna otra madre.
--
Es la madre un ser tan especial
que sólo sacrificios
sabe brindar,
y como recompensa esperar
el próximo momento
en que se habrá de sacrificar.

del árbol de mi madre nací
su rama,
desde ese instante fui
y bajo su sombra
siempre me cobijé.
--
Hoy, aquí
lejos de mi país
en un mundo extraño
en el cual vivo
hace más de un año,
cuánto anhelo sentir
el calor de sus manos.
--
Yo sé que allá
ella extrañará
todos aquellos años
que juntos vivimos
al amparo de incontables
momentos de felicidad
--
Pero ya mañana
habrá un nuevo amanecer
en que juntos como ayer
reiremos de placer.
¡Felicidades, Mamá!

Addicted

Little by little
step by step
very subtly on my body
and in my soul
it was penetrating
--
Little by little
step by step
very slowly
more and more
I yearned for it
--
I have to admit it today
that without it
I can no longer survive
--
I have to confess today
that unconsciously
I have fallen into an addiction
--
Yes! To the whole world
I confess today
that I can no longer
hide the sensation
that is crippling my heart
because of my addiction
--
Yes! An addict I am!
loving my addiction
with body, heart and soul
Yes! I am addicted!
addicted…
to your love.

Adicto

Poco a poco
paso a paso
muy sutilmente en mi cuerpo
en mí fue penetrando
--
Poco a poco
paso a paso
muy lentamente
más lo fui necesitando
--
Hoy, lo tengo que admitir,
sin ello
ya no puedo vivir
--
Hoy lo tengo que decir,
sin saberlo
he caído en la adicción
--
¡Sí! Al mundo entero
le confieso hoy
que ya no puedo más
ocultar la sensación
que vuelca mi corazón
a causa de mi adicción
--
¡Sí! ¡Un adicto soy!
que ama su adicción
con cuerpo, alma y corazón.
¡Sí! ¡Soy un adicto!
adicto…
a tu amor.

Algo Más

Eres tú en mi vida
algo más.
Algo más que la vida mía.
Algo más.
--
Busco de ti
como busca el viajero
un oasis en el desierto
para descansar y saciar
la sed que le devora.
Eres tú en mi vida
algo más.
Algo más que un oasis.
Algo más.
Eres un remanso
de paz y de felicidad.
--
En tus besos encontré
lo que tanto yo busqué,
el dulce néctar del amor
que revivió mi corazón.
Eres tú en mi vida
algo más.
Algo más que un dulce beso.
Algo más.
Eres la esencia del besar.
--
Tu amoroso mirar
me anuncia
un nuevo despertar
que traerá al amanecer
lo que tanto anhela mi ser.
Eres tú en mi vida
algo más.

Algo más que un despertar.
Algo más.
Eres mi esperanza
de vivir y de soñar.

Amistad

A mi madre y a mi hija.
A la vida y a la muerte.
A los cielos y a sus estrellas.
a la Madre Naturaleza
y a mis amores, sobre todo,
mis versos les he brindado.

--

Hoy, sin embargo
quiero hablar acerca de ti
que siempre estás presente
cuando todos parecen estar ausentes.
que despejas mi firmamento
cuando todo se me torna gris oscuro.

--

Nuevos horizontes
señalas en mi porvenir.
Compartes mis penas
y te regocijas de mis alegrías
y me haces sentir
alguien apreciado en la vida.

--

Mis sueños me ayudas a realizar.
Alternativas presentas
a mis múltiples problemas.
Y me dices tu verdad
tal como la percibes:
sin engaños.

--

Eres, sin lugar a dudas,
algo muy difícil de encontrar
y que debiéramos atesorar
cuando te solemos encontrar.
Pero somos muy escasos
los que te sabemos valorar.

Si me estás escuchando hoy
sabrás sin vacilación
que este sincero homenaje
es para resaltar
sólo alguno de los atributos
que ennoblecen tu nombre.

--

Para aquellos
que no alcanzan a reconocerte
a través de lo antes dicho,
permítanme decirles que esto
se lo dedico a ella:
a la amistad sincera y pura.

And I, where do I stand, Lord?

Among the clouds I see you out.
You look triumphant.
With sounds of trumpets you come
to rescue your people
as you promised yesterday.
--
The world is in commotion;
confusion reigns everywhere,
even among those
faithful to him.
--
The living beings
are about to die.
Those who are buried
can't wait any longer.
Everything is ready
for the final judgment.
--
I see my parents,
siblings and friends.
Even a stranger,
is happily passing beside me.
--
The trial has begun.
Few ones are chosen;
one by one I see them
going up to heaven.
The damned
to the fires are thrown;
they shout in pain!
--
And I, where do I stand, Lord?
And I, where do I stand, Lord?
I asked him hopelessly

again, and again,
because my dream was
about doomsday.
--
Now, already awake,
I ask again:
And I, where do I stand, Lord?
And I, where do I stand, Lord?

Aniversario Un Día Antes

Te conocí sin ir en pos de ti.
Te enamoré, y luego me alejé.
Después de mucho tiempo pasado
he regresado a tu lado.
--

No fue un simple encuentro
nuestro reencuentro
varios años han pasado
y yo te lo he demostrado.
--

Mañana será tu aniversario.
¡Felicidades, amada mía!
Porque como mañana, un día
volvió tu vida a la vida mía
--

¡Oh destino!
Que tronchó nuestros caminos.
¡Oh crueldad!
Si en brazos de otro estás.
--

Pero hoy no hay que lamentar
Salgamos a disfrutar.
Te esperaré en aquel lugar
para juntos celebrar.
--

Y después de celebrar
no nos querremos separar.
Pero mañana al despertar
otro estará en mi lugar.
--

¿Por qué un día antes celebrar
lo que mañana se cumplirá?
El mismo día: ¿Cuándo será?

Christmas Thought

Love…

Peace…

Harmony…

Happiness…

are basic ingredients

for a lasting

family's health.

Search for them.

Find them

and mix them up

with a little bit

of understanding.

You will have

the formula

leading to

a healthy and

united family

in Christmas

and beyond…

throughout the year!

Cincuenta Años

Sólo se vive una vez
sólo lo cumples una vez
disfrútalo de una vez
Junto a aquellos
que te aman
y que te aprecian.
--
Da gracias a Dios
que te los dio
y a aquel
que te los celebró.
--
¡Felicidades!
Sigue cumpliendo
y sigue disfrutando
los años cincuenta...
hasta perder la cuenta.

Corazón de Nadie

Siento que lo siento.
Siento que palpita
muy dentro de mí,
un corazón vacío,
un corazón de nadie.
--
Soy esqueleto viviente
de un cuerpo que muere.
Radiografía de un ser
que no ha dejado de ser
un corazón de nadie.
--
Mi cuerpo funciona
movido por la ilusión
de encontrar un amor
que me libere de ser
un corazón de nadie.
--
Corazón de nadie
sí, un corazón de nadie,
que vive por vivir
y no le importa morir
porque le faltas tú.

Corazón Eterno

Hoy es
la fecha propicia.
Hoy es
El día especial
porque hoy
vas a recibir
el corazón ideal.
--
No necesita
de trasplantes
¡No! ¡No! ¡No!
Del tuyo
no te tienes
Que despojar
¡No! ¡No! ¡No!

Acepta este
Corazón Eterno
y no pienses
que está vacío,
tampoco
que está lleno,
vayas a pensar
--
Sólo tiene
una musiquita
por dentro
para empezar
con una melodía
que de seguro
te va a encantar.
--

Atesora en él
lo mejor de ti
háblale a él
y te escuchará.
Pídele a él
y te concederá…
sólo aquellas cosas
para tu felicidad.
--
Mantenlo a tu lado,
o muy dentro de ti,
lo podrás necesitar
si es que un día,
el otro,
te llegara a fallar.

Cuando Tú Ya No Estés

Y saldrá el sol
resplandeciente
entre nubes y montañas.
Bañará el rocío
las flores y las rosas
de nuestro jardín.
más, no será igual
cuando tú ya no estés.
--
Y visitaré aquel lugar
donde juntos
solíamos soñar.
Los pájaros cantarán.
Las olas de la mar
vendrán a mis pies.
Más, no será igual
cuando tú ya no estés.
--
Cuando tú ya no estés,
cuando ya te hayas ido,
mi vida se eclipsará
de una manera total;
La sombra de tu amor
en mi corazón
se proyectará
hasta la eternidad.

Cuestionar Tu Corazón

La cercanía
tiende a unirnos más,
así como la lejanía
tiende a hacernos olvidar,
o a extrañarnos más
los unos a los otros.

--

Más, un amor sincero y puro
tiende a fortalecerse
en períodos de ausencia;
hace crecer los deseos,
y desata fuerzas y sentimientos
escondidos en los abismos
de nuestros corazones.

--

¿Quieres definir tus sentimientos?
¿Cuestionar tu corazón?
Nada mejor que la distancia.
Una ausencia temporal,
programada o imprevista,
traerá a tu vida nuevas expectativas
nuevos momentos de alegría,
y de soledad también.

--

Nuevas compañías
pretenderán tu corazón.
Otros aromas
perfumarán tu derredor.
Si acaso me extrañas.
Si sientes que algo falta dentro de ti
a pesar de tenerlo todo en aquel lugar.
Si sientes que todo no es igual
cuando a tu lado no estoy.

--

Y si piensas en cuándo
terminará toda esta ausencia…
eso significa, amada mía,
que mi amor
ha conquistado tu corazón.
--
No lo pienses más y regresa.
Mis brazos abiertos te esperan
para rebosarte con todo mi amor.

Dadme

Dadme.
Dadme una razón
para iluminar
el obscuro laberinto
que reina en mi corazón.
--
Dadme.
Dadme de beber
de tus labios el placer
que habrá de mitigar
mi insaciable sed de besar.
--
Y qué más puedo pedir
que contigo compartir
de la vida sus encantos
matizados de risas
y también de llantos.
--
Dadme.
Dadme de tu interior
el sin igual calor
que hará correr el sudor
de nuestros cuerpos enteros.
--
Y, dadme.
Dadme el tesoro
de llevarme en tu corazón,
que yo te brindaré mi única riqueza:
tu felicidad.

De papel…

Después de un largo tiempo
de rodar, y rodar
Llegaste a mi vida
Sin pensar, sin pensar.

Por medio de un arreglo
Para muchos muy peculiar
Me ofreciste matrimonio
De papel… De papel…

Nos casamos aquel día
Jurando amor de por vida
Y al besar yo tu boca
En tus redes
Me caía, me caía.

La dulce sensación
Que mi rostro fingía
Muy dentro de mi corazón
la sentía, la sentía.

Cómo imaginar
Que de un beso obligado
Quedaría mi corazón
Tan impresionado,
Tan impresionado.

Lo que ayer fue sólo un papel
Hoy es una realidad cruel
Porque ella sólo me besó
De papel… De papel…

¿De Qué Te Vale?

El amor
es una cosa
tan maravillosa,
que puede estar en mí
sin estar en ti;
que puede estar en ti
sin estar en mí;
que puede estar
tanto dentro de ti
como dentro de mí.
--
Para poder ser feliz,
tu amor
debe ser mi amor;
mi amor
debe ser tu amor.
--
¿De qué te vale
comprar mi cuerpo hoy?
¿De qué te vale
si no tienes mi amor?
--
¿De qué te vale
tener mi cuerpo hoy?
¿De qué te vale
si ausente siempre estoy
cuando me haces el amor?
--
¿De qué te vale
decir que tuyo soy?
¿De qué te vale
si es todo un papel?
--
Y, a mí,

¿De qué me vale
vender mi corazón?
¿De qué me vale?
--
¿De qué me vale
al mundo sonreír?
¿De qué me vale?
¿De qué te vale?
¿De qué nos vale?
De nada nos vale,
riquezas sin felicidad.

De Tormentas

Recuerda…
no me pidas mucho
no me pidas tanto
que no soy tu marido
sólo soy tu amante.
--
Si me pides una noche
te brindaré un ratito.
Amor no busques en mí,
sólo momentos
de ardientes deseos
y de mucha pasión.
--
Recuerda…
yo te lo advertía
que ese hombre por ti
amor sincero no sentía,
pero tú no me lo creías.
--
Si buscas un refugio
donde pasar tu tormenta,
abre la puerta y entra,
que ya pasado el vendaval,
sus vestigios quedarán.
--
Recuerda…
un ardiente deseo muere
tan sólo para dar paso
a una nueva ilusión
y una partida
es tan sólo el inicio
de un nuevo retorno.
--
Por eso, vete ya

que alguien por ti espera.
No tardarás en volver
pues sé muy bien
que para ti,
es todo el año
de tormentas.

Demos Gracias

El mundo en que vivimos
es algo maravilloso
ya que en él podemos encontrar
desde una diminuta hormiguita
hasta un imponente oso.
--
Inmensos ríos y mares
nos conectan con todos los lugares.
grandiosas montañas y valles
nos dan la inspiración
para alegrar el alma y el Corazón.
--
La Madre Naturaleza
no cesa de brindarnos
sus minerales preciosos
ni sus frutos sabrosos
así, como carnes y vegetales
que nos mantienen vigorosos.
--
Todos formamos parte
de este mundo maravilloso
el cual disfrutamos a plenitud
sin preguntarnos siquiera
quién fue ese Todopoderoso
-Divino Creador-
que sin importar longitud o latitud
a todos nos ha tocado
con su inmensa virtud.
--
Por eso, los exhorto hoy
a que demos gracias
a ese Todopoderoso
-Divino Creador-
por el Hombre y por la Tierra,

y por todas las bellezas
de nuestra Madre Naturaleza.
--
Demos gracias hoy
a ese Todopoderoso
-Divino Creador-
por crear este mundo tan complejo
que al mirarnos los unos a los otros
nos quedamos perplejos
cuando notamos que no todos somos
blancos o negros
--
Demos gracias hoy
a ese Todopoderoso
-Divino Creador-
Por la individualidad
y por la similitud, también.
Pues, además de imprimirnos al nacer
con ese sello único,
característico de cada persona
nos permite también
el agruparnos en comunidades
ya sean de objetivos, ideales, religiones,
y muchas otras más
inherentes a la individualidad.
--
Demos gracias hoy
a ese Todopoderoso
-Divino Creador-
porque en este mundo
encontramos de todo,
aunque en igual proporción
no toquemos todos.
--
Finalmente,
para concluir,

a todos les voy a pedir
que se levanten de sus asientos
-Si es que sentados están-
y que miren hacia su lado izquierdo
y hacia su lado derecho después;
y que a su compañero de trabajo,
familiar o amigo,
paciente -aunque sea impaciente-
casual visitante o acompañante
que se encuentra a su lado
le dé un abrazo fuerte y le diga:
¡Gracias!
¡Gracias por compartir conmigo hoy!
¡Gracias!
¡Muchas gracias!
--
Yo, por mi parte,
les doy las gracias a todos ustedes
y al Todopoderoso
-Divino Creador-
por el honor que me brindan
al compartir conmigo, cada día,
sus sonrisas y su calor.
El verlos sonreír
es una misión de mi diario vivir
sin la cual ya no puedo vivir.
¡Gracias!
¡Muchas gracias!

Destino Final

Ya se acerca la hora
En que habremos de partir
Hacia un nuevo mundo
De diferente vivir
Donde nunca más
Habremos de morir.
No prepares nada
Para este largo viaje
Pues nada podremos llevar
Para nuestro bienestar;
No trajes, no joyas,
No Visas,
Ni Master Cards;
Dinero, no vamos a necesitar.
Olvídate de mansiones y aviones
Cruceros, y pasarelas
Y de los autos de carreras.
Así como a este mundo venimos
Así, nos tendremos que ir;
¡Sin nada! ¡Todo se queda!
Aquí nos diferenciamos
Los unos de los otros
Por lo mucho o lo poco
Que podemos exhibir,
El color de la tez, o
El apellido que te des.
Sólo una fuerza muy poderosa
Parece unir a unos y otros:
El amor.
Y es que el amor
Hace sentido de las cosas
Donde no llegan
Nuestros cinco sentidos.
Y es el amor, precisamente,

La energía que nos llevará
A ese largo viaje
Donde reunidos todos seremos
Por la gracia de El Señor.
¿Estás tú preparado
Para ese largo viaje?
Recuerda…
El amor, es el camino…
Y Dios, es amor.

Día de las Madres (Thelma)

¡Felicidades, mamá
En este día en que todos
Celebramos el día
Dedicado a ti,
El día de las Madres!
Hoy es un día especial
En el cual se hace
Reconocimiento a tu amor,
Dedicación y sacrificios
Por nosotros, tus hijos,
Que nunca en la vida
Podremos pagarte, o devolverte
Todo lo que has hecho por nosotros.
Doy gracias a Dios
En este día especial
Dedicado a ti,
Porque eres un ser único:
No sólo nos regalas la vida,
Sino que también
Nos colmas de amor y bendiciones,
Y guías nuestros pasos
Por el camino del bien.
Eres el único ser
Que a pesar de los años,
A pesar de la distancia,
Y a pesar de todas
Las negativas circunstancias,
Tu amor se mantiene fiel
Haciendo innumerables sacrificios
En nombre del amor y del deber.
Hoy, doy gracias a Dios
Porque nací de ti,
Una madre única.
Físicamente, se podría decir

Que soy muy parecido a mi padre,
Pero mentalmente,
Las personas que te conocen, mamá,
Pueden ver tu retrato plasmado
En mi personalidad.
Y esto es algo
Que me llena de orgullo,
Y por lo cual doy gracias a Dios
Siempre que tengo la oportunidad.
Para ti, hoy, mamá, en tu día
Una flor, un beso, un abrazo fuerte
Y mi eterno amor y agradecimiento.
Lo demás, será, pues
Complemento para alegrar un poco más
Este tu día especial.
¡Felicidades, mamá!

El Amor Siempre Vuelve...

Si el amor a ti no ha llegado,
no te abrumes pensando,
no te afanes buscando
pues, a su debido tiempo,
quizás sin esperarlo,
a tus puertas tocará.
--
Y, por favor, no te resistas
a experimentar tal sensación
porque para siempre
podría quedar dañado tu corazón
y no habrá médico cardiólogo
ni cirujano vascular
que lo pueda reparar.
--
El amor es un sentimiento tal
que no lo puedes equivocar.
es la llave que abrirá tu corazón
a todo un nuevo mundo de emoción.
--
El amor no se pide
el amor no se da
el amor no se ruega;
el amor sólo conoce de entregas.
--
El amor nace.
El amor se cultiva.
El amor no se impone.
El amor nos persuade.
--
El amor se siente
en lo más recóndito
de tu interior.
El amor trasciende

Todas las barreras.
--

El amor no muere,
resiste los embates
del tiempo y los elementos.
--

Antes que morir,
más bien,
prefiere emigrar,
no necesariamente
como ave de invernadero
que habrá de volver
a volar
a su punto inicial.
--

Y es que el amor
Siempre vuelve…
a amar

El Lugar Ideal

Quisiera vivir
en un lugar único
donde todos podamos
respirar y disfrutar
de una vida sin igual
--
Quisiera vivir en ese lugar
donde todos en armonía
podamos convivir;
trabajar el uno para el otro
para bien de todos nosotros.
--
Quisiera vivir en aquel lugar
donde tus ideas
sean mis ideas:
el bienestar de todos,
una mejor comunidad.
--
Quisiera vivir en ese lugar
donde tu madre será mi madre
tu hijo será mi hijo
tu dolor será mi dolor
tu placer será mi placer.
--
Quisiera vivir
en aquel lugar
donde los recursos
de la madre naturaleza
podamos todos disfrutar.
--
Quisiera vivir en ese lugar
donde la figura de la justicia
no sea de espada en la mano
balanza inclinada y los ojos vendados.

--

Quisiera vivir lejos, bien lejos
en aquel remoto lugar
donde no podré escuchar
aquellas palabras
que a todos tienden a separar:
Republicanos, Demócratas
Liberales, Reformistas
Revolucionarios, Socialistas
Ricos, Pobres
Blancos, Negros…

--

¿Acaso es mucho pedir?
¿Acaso es sólo un soñar,
el aspirar a vivir
en un mundo singular
donde tú y yo seamos igual?

--

Si miras a tu alrededor,
sin lugar a dudas, pensarás que esto
es un sueño que nunca
podrás alcanzar.

--

Mas, si abres tu corazón al amor,
simplemente al amor,
y tus ideas empiezas a liberar,
ya verás como todo
de color va a cambiar.

--

La vida tendrá otro sabor
y podrás disfrutar en tu interior
de ese mundo sin igual
que sólo te puede brindar
¡El Amor! ¡Sí! ¡El Amor! ¡El Amor!

El Virus Más Poderoso

¡Cuidado, todos!
¡Mucho cuidado!
Que anoche, a la media noche
un temible virus se desató.
--
Ataca el sistema inmune
y permanece impune.
El cerebro se acobarda
y baja la guardia.
--
Ese virus es tan potente
que ataca
no sólo a la gente,
sino que
logra penetrar
en sus arcas
y todo lo abarca.
--
Una vez que entra
a tu sistema
todo de ti se apodera
al extremo de hacerte pensar
que tu vida
ya no es tu vida,
sino que pertenece
a una vida ajena.
--
En su origen,
que data de la creación
de la vida misma,
este virus fue diseñado
para salvar.
--
Ese virus comienza

con la **"L"**-en inglés-
y cuando termina
-en español-
todo el mundo **Love**
atacando su corazón
de manera tal
que te hace
perder la razón.

--

¡Cuidado, todos!
¡Mucho cuidado!
Porque, por ese virus
mucha gente
vive y se desvive.

--

Por ese virus,
aunque parezca irracional,
Mucha gente llega a matar.

--

Y por ese mismo virus,
-gracias a Dios-
por otro lado,
todavía mucha gente
puede lograr
su salvación.

--

Ese virus…
ese virus es
"El Amor".
Love. Love.
¿Lo ves?

En Recordación

En recordación
de todos aquellos soldados:
de aquel hermano
de aquel casual compañero
de aquel amigo.
--
En recordación
de aquellos difíciles
momentos del desembarco
y de aquellas trincheras
cavadas en el corazón
de cada nación
para su liberación.
--
En recordación
de aquellos humanos hambrientos
de aquel sufrimiento humano
de aquellas hermosas ciudades destruidas
y de su reconstrucción, también.
--
En recordación
de todos aquellos
que sin vacilación
nos asistieron
en el momento preciso.
--
En recordación
de aquellos que labraron
el camino para construir
lo que es hoy nuestro
nuevo Orden del Mundo.
--
Honremos hoy las memorias
de todos aquellos

que sacrificaron sus vidas
para sembrar en nuestra patria
y en nuestras mentes
las semillas de
¡La Libertad!

Entrame En Tu Espacio

Dices que me quieres
mas, temor tienes
de quedar para siempre
atrapada en mis redes.
--
Y yo te reitero
sólo quiero ser parte de ti
no atraparte
entre intangibles redes.
--
No me des tu cuerpo
entrame en tu espacio
si temor tienes de perder tu libertad.
--
Cuan ave Fénix
quieres remontarte a las alturas
los cielos conquistar
y la tierra avasallar.
--
Pero dado su tiempo
tendrás que anidar
en la cima de una montaña
o en una planicie central
--
Y una vez más, te voy a pedir
no me des tu cuerpo
entrame en tu espacio;
permíteme ser arbusto de tu nido
--
Al mundo vamos a demostrar
que dos cuerpos sí pueden
ocupar un sólo lugar
Si tú me permites entrar en tu espacio.

Eres, Yaniris

Eras tan pequeña
tan tierna
y tan rarita
cuando te conocí, Yaniris,
que sin pensarlo, lo sé,
mi corazón
se rindió a ti.
--
Eras, Yaniris,
la hija de una ilusión
que vivía en mi corazón
y que no sé
por qué razón
la poca razón
apartó de mi lado.
--
Eres, Yaniris,
un sentimiento profundo
que me hace vivir
en un mundo paterno
del cual me siento ser
yo el único dueño
--
Eres, Yaniris,
una esperanza en el tiempo
y en la distancia
lo que siempre he tenido
lo que nunca dejaré
de llevar en mi corazón.

"S-23"
¡Esa Es Mi Tierra!

A – 69° 18' 16" Longitud, 18° 27' 52" Latitud
en una isla muy particular
en la Llanura Oriental
se encuentra situada una ciudad
bañada por el Río Higuamo
y a orillas del Mar Caribe.
--
Tierra de inmigrantes
que han aportado de sí lo mejor
para inmortalizar a esa ciudad sin igual
tierra de egregias figuras, de las Artes Liberales,
la cultura y los deportes.
--
Tierra de mosquitos y de sol,
de manglares y cocoteros.
Tierra de los ingenios azucareros,
de rieles y locomotoras,
de cachispa, cachaza y melao,
de bateyes y bueyes y tractores…
--
Tierra de dulce mujeres
indias, blancas y morenas
con matices de colores y sabores.
Tierra donde el sudor
se mezcla con el cotidiano humor
de El Cochero, El Hielero, El Lechero
o El Carbonero.
--
Tierra donde se cultiva la caña,
se forja el hierro y se hacen estrellas los peloteros,
tierra donde se mezcla
lo cocolo con lo criollo y lo extranjero.
--

Tierra donde es pasatiempo
el jugar al básquet,
dominó o al tablero;
el pescar en la costa,
bañarse en el río
o, simplemente, jugar a la pelota.

--

Tierra del cangrejo,
de Los Guloyas
y del guavaberry,
del domplín con bacalao
y la harina de maíz con pescado,
del conconete y del yaniqueque.

--

Ciudad de una nación
-La República Dominicana-
donde El Mundo
centró una vez su atención
para hacerla del país
cuna de la civilización.

--

¡Esa es mi tierra!
¡Reconocida por todos
por sus bellos atardeceres!
¿Y qué de sus amaneceres?
¿Acaso no los han contemplado bien
desde la orilla del mar?

--

¡Esa es mi tierra!
¡La Provincia Serie-23!
¡La Sultana Oriental!
¡Macorís del Este!
¡Macorís del Mar!
¡San Pedro de Macorís!

Felicidad

Toda la vida
he sido lo más buscado,
ambicionada por todos:
hombres y mujeres.
--

Los más poderosos hombres
y las más bellas mujeres,
los hombres más pobres
y las mujeres más humildes
ansían tenerme consigo.
--

¡Felicidad!
¿Dónde estás?
¡Felicidad!
¡Heme aquí!
--

Los ricos y poderosos,
satisfacción en la vida
no han podido lograr
porque todo lo consiguen,
Más, a mí
no me han podido comprar.
--

Los pobres y los humildes
no alcanzan a verme
porque su ambición
no es realmente tenerme
como permanente tesoro
que enriquezca sus almas,
sino sus arcas.
--

Todos buscan de mí
sin saber
cuan cerca de ellos estoy.

Todos poseerme quisieran
sin pensar
que al alcance de todos estoy.
--
Si tan sólo pudieran
mirar dentro de sí mismos…
si tan sólo fueran capaces
de observar a su alrededor…
--
Se darían cuenta
de que yo estoy ahí
en la naturaleza
dentro de ti.
Búscame ahí…
y serás feliz.

Giving Thanks

The world we live in
is something wonderful
since in it we are able to find
both the tiny ant
and the imposing bear
--
Immense rivers and seas
connect us to all places,
great mountains and valleys
give us inspiration
to gladden the heart and soul
--
Mother Nature
doesn't stop giving us
its precious minerals
and its tasty fruits
and so, like meat and vegetables,
which keep us vigorous
--
We are all part
of this wonderful world
in which we enjoy to the fullest
without asking
who was the Almighty
-Divine Creator-
that regardless of distance or location
we have all been touched
by His immense virtue.
--
So, I urge you today
to give thanks
to this Almighty
-Divine Creator-
for mankind

and all the beauties
from our Mother Nature
--
Let us give thanks today
to this Almighty
-Divine Creator-
for creating this complex world
that when looking at each other
we become perplexed
when we notice that not everyone is
white or black.
--
Let us give thanks today
to this Almighty
-Divine Creator-
for the individuality
and for similarity, too.
For, in addition to making us at birth
with that unique seal
characteristic to each person,
He allows us
to unite in communities
whether it be of goals, ideals, religions
and many others,
inherent of individuality.
--
Let us give thanks today
to this Almighty
-Divine Creator-
because in this world
we find all things,
although not in the same proportion
But touched by all
--
Finally,
to conclude,

all I will ask of you
is to rise from your seats
-If you are sitting-
and look to your left side,
then to your right side,
and to your co-worker,
family, friend, patient
-Albeit impatient-
casual visitor or companion
whoever is at your side
and give them a big hug, and tell them:
Thank you!
Thank you for being with me today!
Thank you!
Thank you very much!!

Guerra. Paz. Amor.

El mundo, los poderosos
pretenden hacer cambiar
con sistemas en disputas
que nos hacen zozobrar.
--
Guerra buscan en tiempos de paz.
La paz gestionan en tiempos de guerra.
Haciendo un juego peligroso
en el cual sólo perdemos nosotros.
--
¡No más odios! ¡No más guerras!
Que se perderá esta tierra.
¡No más rencor, y sí más amor!
Que perdemos de la vida lo mejor.
--
Los sistemas dominantes
no escuchan a sus habitantes
que prefieren la paz, no la guerra
que prefieren el amor, no el rencor.
--
¡Saquémoslos ya de ese error!
¡Basta ya de tanto dolor!
La paz del mundo está en el amor.
¡Sí! ¡El amor! ¡El amor! ¡El amor!

Happiness

All my life
I have been sought,
longed for by everyone
men and women.
The most powerful men,
the loveliest women.
--
The poorest men,
the humblest women
yearn to have me with them.
--
Happiness!
Where are you?
Happiness!
Here I am!
--
The rich and powerful
have not achieved
satisfaction in life
because they can have anything they want,
but me.
They simply can't buy me.
--
The poor and the needy
are unable to find me,
because their purpose
is not really to secure me
as a permanent treasure
to enrich their souls,
but their wallets.
--
They all look for me,
without knowing
how close to them I am.

They all want to have me
without realizing
that I am within reach of all.
--
If only they could
look within themselves…
If only they were capable
of observing their surroundings…
--
They would learn
that I am there:
in nature,
within you.
Look for me there…
and you will be happy.

Hay Un Hombre En Este Mundo

Hay un hombre en este mundo
que se acuesta y no duerme
que vive y se desvive
que espera y desespera
solamente por ti.

--

Hay un hombre en este mundo
cuya sombra es tu figura
que aspira a tu amor
de una manera diferente
que prefiere quererte
y no tenerte
a tenerte, y después perderte.

--

Hay un hombre en este mundo
cuyo corazón
el tiempo y los elementos
no han podido corroer
y que ha resistido
las embestidas
de todas tus compañías.

--

Hay un hombre en este mundo
cuyo único placer
es pensar en ti,
cuyo entretenimiento
ya no logra entretenerle
porque tú ocupas
no solamente su tiempo,
sino también su espacio.

--

Hay un hombre en este mundo
que quiere hacerte su mundo
brindarte de la vida

algo más allá
de lo que la fortuna
o la fama
te pudieran brindar.
--
Ese hombre, querida,
aunque tú no lo creas,
ese hombre…
¡Soy yo!

¡Imagínate!

¡Cosas de la vida!
Pensar que muchas personas
tienen que dormir
para poder soñar
con las cosas que afectan
su diario vivir.

--

Sueñan con el amor,
el trabajo, familiares y amistades,
y hasta sueñan
viviendo en un mundo
totalmente desconocido
del cual,
gracias a un verdadero milagro,
han logrado escapar
despertando con un susto tal
que el Corazón, de sus pechos,
ha estado a punto de saltar.

--

Yo, por mi parte,
siempre he soñado
-Aunque bien despierto-
con un mundo diferente
donde seamos iguales
toda la gente
y esto sólo conllevaría
un ligero cambio en tu mente.

--

Ese mundo diferente,
que yo concibo para mí,
es el mismo mundo diferente
que quisiera
tú concibieras para ti.

--

¡Imagínate!
Vivir en un mundo diferente
donde la pobreza
no sea la regla,
pero, tampoco, la excepción.
--
¡Imagínate!
Vivir en un mundo diferente
donde la idea de tu patrón
unida al sudor de tu frente
convergen para producir
beneficios suficientes,
y su factor de distribución
No sea para el obrero
una flagrante humillación.
--
¡Imagínate!
Vivir en un mundo diferente
donde no sepas de algunas naciones
sólo por la miseria en que viven
millares de sus habitantes;
Tampoco, de contados individuos
sólo por la opulencia de sus riquezas.
--
¡Imagínate!
Vivir en ese mundo diferente
donde la Madre Naturaleza
nos brinde toda su riqueza,
y no le paguemos, en cambio,
con desforestación, explotación,
contaminación y abandono
de sus valiosos recursos
en tierra, cielo
mar, ríos y arroyos.
--
¡Imagínate!

Vivir en ese mundo diferente
donde todos profesemos
la misma religión
sin ninguna otra denominación,
sólo Jesucristo
reinando en todo Corazón
--
¡Imagínate!
¡Rompe tu inercia!
¡Cambia tu mente!
¡Ayuda a otra gente!
¡Seamos, diferentes!

In Memory

In memory
of that Unknown Soldier
of that brother
of that companion
of that friend.

--

In memory of those difficult
moments during the landing
and those trenches
delved in the heart
of allied nations
in search of its deliverance.

--

In memory
of those starving men and women
of those suffering beings
of those splendid cities destroyed
and of their reconstruction, as well.

--

In memory
of all those who
extended to us
a friendly hand
at a moment of need.

--

In memory
of those who labored
to construct the foundations
of what is today
Our new world order.

--

Let us honor today the memory
of all who have
sacrificed their lives

to plant in our native land
and in our minds
the seeds of
liberty!

Incongruencias

Veo las estrellas
al alcance de mis manos
a pesar de su enorme distancia.
Veo los árboles con todo su verdor
a pesar de un desolador Otoño.
--
Siento el calor
de la luna a media noche
como si fuera de el sol
al medio día
y sopla una cálida brisa
a pesar del crudo Invierno.
--
Y toda esta incongruencia
es porque tú estás aquí,
junto a mí.
Lo imaginario
Se convierte en realidad
porque así
Lo transforma tu amor.
--
Tengo el infinito
a un paso de mí.
Nada temo
de la más espesa penumbra
y nada envidio
del más radiante y claro día.
--
Siento tu compañía
por distante que estés.
tú iluminas mi vida
con el dulce fulgor
de tu mirada
y te siento tan unida a mí

como el cielo a las estrellas.

--

Y es que tu amor
trasciende las barreras
del tiempo y del espacio,
y de mi interior,
y me hace sentirte
tenerte y quererte
como lo hice ayer.
como lo hago hoy,
y como lo haré
por siempre.

La Rosa Y el Amor

Una rosa yo planté
en los predios de mi corazón
con sangre y lágrimas la regué
para que diera hoy
el fruto que tanto anhelé:
mi amor; tu amor.
--
De la tierra nacen
las flores en la primavera
que a los enamorados darán
todo su aroma y su color
en nombre del amor.
--
Pero esas flores morirán
al pasar la primavera;
sus pétalos se caerán
sus colores se perderán
y sus aromas ya no perfumarán.
--
La rosa que yo planté
a diferencia de las demás
no morirá jamás
porque en un terreno especial
yo la cultivé
--
Y sus pétalos se fortificarán
sus colores revivirán
su aroma jamás se perderá
y eternamente vivirá.
--
Porque yo la sembré
en los predios del amor
con lágrimas y sangre de mi sincero corazón.

Las Cartas De Mi Madre

Después de varios años
sin sus cartas recibir,
mis ojos se fueron a posar
sobre aquella fundita plástica
transparente
con rayas azul claro pálido
y cerrada en forma de nudo
que me trajo mi tía Sila,
quien anoche regresó
de visitar el país.
--
La fundita contenía
Dos cartas en sobres doblados,
uno encima del otro,
pero separados.
Uno decía: Para Berto.
El otro: Para mi hijo,
Roberto Richardson.
--
Las letras de uno
me eran totalmente desconocidas
más, las del otro,
las podría distinguir
de entre un millar de cartas
-Aún sin la dedicatoria-
y es que para mí
las letras de mi madre
son inconfundibles;
las reconocen mis ojos al verlas
me lo dice el corazón al tocarlas.
--
Sus cartas,
con unas u otras faltas ortográficas,
pero siempre cargadas de amor,

y de mucha preocupación.
Nunca les falta ese beso
y el abrazo fuerte,
y bajo ninguna condición,
de Dios, la bendición.
De todas sus cartas
esta que recibí hoy
la más corta es,
y muy seguro estoy,
que tiempo le ha faltado,
porque, de otro modo,
tres hojas -de ambos lados-
ella me hubiera mandado.
--
Al leer su carta hoy
me reboso de emoción
pues me parece escucharla decir
lo que en ella me escribió.
Comenzando con el destinatario
en el sobre:
para mi hijo Roberto Richardson.
Seguido por la introducción:
queridísimo hijo...
Y el desarrollo de tópicos...
"El dinero no está
al alcance de mis manos
para enviarte un regalito.
lo único que te envío
es la bendición de Dios
como tu compañía
y un beso y un abrazo fuerte;
mis caudales.
De tu madre que no te olvida".
--
Y qué más se puede pedir
de una madre

que en Diciembre
del año Mil Novecientos
cuarenta…
me regaló lo más grande
que una madre puede regalar:
me regaló la vida.
--
Y no sólo eso,
me brindó todo su amor
y su apoyo,
incondicionalmente.
Guió mis primeros pasos
por el camino del bien;
edificó mi futuro.
Y todavía,
a sus setenta y ocho años de edad,
¿Quiere regalarme más?

Lealtad

Para mí -respetando su opinión-
el sentido de la lealtad
es un sentimiento único
que nace con uno,
se mantiene con uno,
y muere con uno.
--
Contrario al oportunismo,
que se acerca a uno,
se mantiene de uno,
y termina aprovechándose
de todos los demás.
--
Es como el buen capitán
dispuesto a sucumbir
junto a su inseparable barco
-Si es preciso-
mientras desesperados
pasajeros y tripulantes
se lanzan por la borda
tratando de salvar sus vidas.
--
Es como piedra preciosa,
difícil de encontrar
pero de valor sin igual;
comparado con cursilería
que por escasas monedas
encuentras en cualquier esquina.
--
La lealtad no emigra
como lo hacen las personas
ni conoce de invernaderos
como hacen las aves.
--

Desconoce Latitud y Longitud,
riqueza o pobreza,
Ganancias o pérdidas.
--
Sólo sabe una cosa:
Estar ahí, por ti
Estar ahí por ti,
Hoy, mañana, y siempre.

Me Gustas Así...

Me gustas así...
tal como eres.
Nada voy a pedirte
y nada me atrevo
a ofrecerte.
--
Tu vida va
paralela a la vida mía
y sólo una ilusión
en el infinito
las juntaría.
--
Te quiero así...
tal como eres
y no me importa
si de otro tú eres.
--
No te voy a pedir
romper tus ataduras
no me vayas a pedir
cometer una locura.
--
Los momentos compartidos
nos rebosan de placer
pero sólo esto
te podría ofrecer.
--
Me gustas así...
te quiero así...
y sólo así...
podremos vivir.
--
Mi amor en otra
ha echado raíces

Pero de ti conservo
en mi alma cicatrices.
Me gustas así...
te quiero así...
sigamos así...
la vida es así...

Mi comadrita La Rana

Nació en la Sultana Oriental
"La Ciudad de Los Bellos Atardeceres"
San Pedro de Macorís
rodeada de caña, azúcar y mar.
--
Creció en el Barrio Miramar
y para nadie un secreto sería
que desde muy pequeña
de varones los juegos prefería
y que muy temprano en su vida
al trabajo ella le entregó sus manos
--
A la Escuela vio a muchos pasar
y aunque ella apenas asistió,
su habilidad mental
orientada siempre a negociar
esto, poco le afectó.
--
Bailó al ritmo de La Bachata
de El Merengue y La Guaracha
de El Bolero y de El Twist
y disfrutó de El Son
al verlo bailar a su Tío
el chulo de Tono (El Botón)
--
Mujer de latitudes
a quien el destino
una zancadilla le jugó
cuando la vida, abruptamente,
a su único hermano le quitó.
Más, El Señor
a ella no la abandonó
su vida él le salvó
y la oportunidad le dio

de tener el fruto de su amor.

--

Abnegada madre de cuatro
allá en el Este
de tres aquí
en el Noreste
y de muchos otros más
como yo
a los que atrajo el magnetismo
de su noble corazón.

--

Corazón que no se pertenece
entregado al sublime amor
de servir a los que le necesitan
dedicada madre y esposa
de innumerables sacrificios
en su Haber
en nombre del amor
y del deber.

--

Sus piernas, ciertamente,
ha podido el tiempo doblegar
sus manos, el tanto trabajar,
ya casi no se las permite utilizar
más su corazón
permanece hoy
tal como ayer
henchido de amor
y de comprensión
así nació, así creció
así disfrutó
así sufrió
y así vive hoy
mi comadre
Mirian García Ferdinand
"Mi Comadrita La Rana".

Mi Futuro

Quiero que seas mi futuro.
Hoy, sin ti, nada soy
mañana, no sé
qué mi vida será,
si conmigo no estás.
--
Dadme la oportunidad
de compartir el presente contigo;
ganarme día a día
ese dulce mirar
de tus lindos, grandes
y bellos ojos;
tus suaves manos tomar
y tu cara acariciar…
--
Y al final,
del torrente de tus labios beber
una y otra vez
queriendo saciar mí sed de ti
que por toda la vida tendré.
--
Quiero que seas mi futuro.
¡Dime que sí!
¡Ámame hoy!
¡Vivamos el presente!
¡Unamos nuestras vidas!
que como hoy,
te amaré mañana,
y todos los días
de nuestras vidas.

Mi Madre Cumple Años Conmigo

Hoy, si me lo permiten,
quiero rendir tributo
a una fecha, y a una persona
en particular.
Les podrá parecer algo inconcebible,
o sacado de la mente
de una persona demente.

--

Nací en Diciembre 26, 1949,
y esa fue la tercera vez
que mi madre se dio a conocer
alumbrando a un nuevo ser,
como fruto de su amor.

--

Desde ese día,
se conoce esa fecha como
"El día de mi cumpleaños"
-Cada año que vivo-
A menos que luego sea substituido
-Cuando muera-
por "El día de mi muerte".

Pero no importa, por ahora,
pues aún estoy vivo,
y quiero que lo sepan todos,
aunque parezca irracional,
que mi madre y yo
tenemos en común
una misma fecha
y una misma edad.

--

¿Cómo así?
Muy sencillo:
cada año en que yo

cumplo un nuevo año de vida,
mi madre, también,
Cumple un nuevo año
De haberme traído a este mundo.
--
Y es que,
ella revive cada año
en esa misma fecha,
todos aquellos dolorosos momentos
que concluyeron
con un feliz y sufrido alumbramiento.
Así, pues, los dos cumplimos años
simultáneamente.
--
Nuestra sociedad no acostumbra
rendir tributo a quien
-Detrás del escenario-
merece reconocimiento
cuando se celebra el natalicio
o la muerte,
de una persona que,
por una razón u otra,
haya alcanzado notoriedad,
ignorando completamente
que en la sombra que proyecta cada ser,
aunque no lo podamos ver,
está plasmada la inseparable figura
de su madre.
--
Por eso, a vosotros quiero exhortar,
a que en lo adelante,
recuerden a su madre
en el día de vuestros cumpleaños,
donde quiera que se encuentren.
hHagan saber
a todos aquellos que les rodeen

que su madre, también,
cumple un nuevo año
de haberlos traído a esta vida.
--
Hablen brevemente acerca de ella,
y den gracias a El Todopoderoso
por ese ser que con dedicación,
sacrificios, y sobre todo,
mucho amor,
ha iluminado todos los días
de vuestras vidas.
--
Yo, por mi parte,
aprovecho la ocasión
para instar a los medios de comunicación
a que, cuando rindan homenaje
a personas célebres o reconocidas
en ocasión del aniversario
de su muerte o natalicio,
no olviden que sus madres, también,
merecen mención.

Mi Retrato

Nací en la Ciudad
de San Pedro de Macorís.
Ciudad rodeada de caña
azúcar y mar,
ingenios azucareros
manglares, mosquitos
y cocoteros
¡Que lo sepa el mundo entero!
--
Le escribo a la vida
y le escribo al amor
lo mismo a las penas
como al desamor.
Disfruto la belleza
de la Madre Naturaleza
porque la vida es esa:
amar a la naturaleza.
--
Doy gracias a Dios
por cada día que veo
y por mi empleo,
por el pan que nutre mi cuerpo
y por el pan de su palabra
que fortifica mi espíritu
y a Dios le pido
por el pan de mis semejantes;
desconocidos, amigos nuevos,
así como los de antes.
--
Me siento honrado
si me brindas tu amistad
La cual atesoro
con toda sinceridad.
De nadie envidio nada

Bien habido, o no,
pues, cada quien se merece
disfrutar el fruto de su esfuerzo.
--
A nadie juzgo
las decisiones en su vida.
Si lo considero oportuno
mi sincero consejo les doy
pues con la vara que mido hoy
con esa misma
me habrán de medir mañana.
--
A las cosas materiales
de esta vida no me apego.
Desnudo nací
y un grito de vida eché.
Sé que a la hora de irme
de aquí, nada me llevaré.
--
Me río y me sonrío
y me vuelvo a reír;
agradezco el buen humor
que ilumina mi vivir.
--
De la tierra me considero
ser el hombre más feliz
aunque plata ni oro atesoro.
Muchos, mi riqueza
no alcanzan a ver
porque la llevo bien guardada
muy dentro de mí ser.
--
Si te encuentras por ahí
con ese retrato
que arriba te describo,
no lo vayas a ignorar

ni tampoco a confundir
pues sólo hay uno como ese
y ese…
¡Soy yo!

Mientes

Mientes.
Yo sé que mientes.
Lo dicen tus ojos al mirar.
Lo sienten mis labios al besar
--
Mientes.
Yo sé que mientes.
Y no me resisto a vivir
la verdad de tus mentiras
--
Mientes.
Yo sé que mientes
cuando dices que me quieres
y que sólo de mi tú eres.
--
Mientes
y vuelves a mentir
cuando hacemos el amor
y me finges tu gemir.
--
Mientes.
Yo sé que mientes,
pero mírame,
bésame y acaríciame
aún sean mentiras.
--
Que mi cuerpo y mi alma
las transforman en verdad
porque sólo por ti yo vivo
la verdad, que es tu mentira.

¿Para Qué?

Segundo a Segundo
Minuto a minuto
Hora tras hora
Día tras día
Semana tras semana
Mes tras mes
a un año llegué
y a ti, mi amor entero,
te lo entregué.
¿Para qué?
--

Lo que de mí buscabas
todo te lo di.
Lo que de ti esperaba
jamás lo recibí.
Seguir atado
a ti,
¿Para qué?
--

Mi ingenuo Corazón
no conoce de artimañas
y cautivo ha quedado
en las redes de tu maraña.
A Dios le pido
echarte al olvido
pues seguir contigo
ya no tiene sentido.
¿Para qué?
¿Para qué?
¿Para qué?

¿Que Daría...?

Pensando en ti…
¿Qué daría yo
por volver al pasado?
¿Qué daría yo
por volver a tu lado?
--
¿Qué daría yo
por volverte a ver
para hacerte saber
que mi amor por ti
no ha cambiado?
--
Dicen que el ayer
es tan sólo un pasado
pero mi corazón
lo vive como un presente
a pesar de que estás ausente
--
¿Qué daría yo
por volver a vivir
aquellos momentos de pasión
donde sucumbió mi inocencia
ante tu vasta experiencia?
--
Hoy daría yo
lo que tú pidieras, y más,
porque aquellos momentos
vividos contigo
no se han borrado jamás.
--
Hoy no te pondría
ninguna condición
para firmar mi rendición
y ocupar por siempre

un lugar dentro de tu corazón

--

¿Que daría yo…?

¿Que no daría yo…?

Reencuentro

Dicen del amor,
que la distancia
con el tiempo
extingue su fragancia.
--
Alguien me decía:
olvida ese amor,
que tan sólo dolor
te causa la añoranza.
--
La ardiente llama
que mi amor alimentara
ya muy tenue
estoicamente resistía
abrazada a la esperanza
de que un día
tú la realimentarías.
--
Y justo a tiempo
llegó el verano
y yo contigo de las manos.
Y caí de nuevo
en tus brazos
y besé una y otra vez
tus dulces y ardientes labios
que jamás olvidaré.
--
Y mis manos surcaron tu cuerpo
de arriba a abajo
de abajo a arriba.
Y mi cuerpo
con el tuyo se confundió.
--
Nuevos placeres

nuevas sensaciones
Mi vida experimentó
en los contados momentos
que compartimos el aposento.
--
No he querido lavar
la toalla en que te secaste
ni tampoco cambiar
las sábanas que manchaste.
--
El cielo se nubló
los días de tu partida
y lágrimas
en forma de lluvia arrojó
cuando atrás
me dejaste.

Reflexiones Acerca de La Muerte de Un Padre
- A los Hijos de mi Tío Harold, Gerardo, o Mahoma –

El ser padre es algo
que no tiene exacta definición.
Tampoco mucha comparación.
y es precisamente,
el amor que transmiten a sus hijos
el sentimiento que caracteriza
a la paternidad.

--

No todos los padres son iguales.
Algunos disponen de recursos, otros no.
Algunos son calificados de muy estrictos.
Otros de muy débiles, o consentidores,
pero de todos los padres podemos decir
que el factor común entre ellos es
el amor a sus hijos.

--

Sin embargo,
no todos los padres
pueden brindar a sus hijos
todo lo que ellos necesitan.
Algunos carecen de suficiente educación,
de recursos financieros,
o de un trabajo estable.
Otros carecen de tiempo,
y otros, más aún,
carecen de la visión para proyectar
el futuro de sus hijos
y de sus necesidades.

--

Pero sí todos los padres
profesan un gran amor por sus hijos.
Y es amor, precisamente,
lo que muchos padres

Han podido brindar a sus hijos
en abundancia.
--

En algunos hogares
habrá podido faltar
un carro, un motor, un televisor,
un buen juego de muebles
o de comedor y
hasta el plato de comida diario.
--

Pero el amor hacia los hijos
es algo que está siempre presente.
Y de esto nos venimos a dar cuenta
sólo cuando de hijos,
pasamos a ser padres…
--

El perder a un padre
debe ser una experiencia
que ningún hijo desearía experimentar…
No sé cómo ustedes catalogarían
a su papá Harold, Gerardo o Geraldo
- La verdad, es que nunca
vi escrito su nombre -
pero nosotros en casa,
y en la familia.
solíamos llamarlo Mahoma.
--

Y para mí los recuerdos que guardo de él
son todos muy positivos:
alegre, chistoso, servicial,
siempre disponible cuando se le necesitaba,
y sobre todo, muy amoroso.
Yo siempre lo recordaré con mucho amor.
Él era el tío que siempre me hacía reír
con sus chistes, su manera muy particular de hablar,
sus gestos, la expresión que ponía en su cara,

y de su adicción al sexo, ni hablar…
También disfrutaba de los frutos
que cosechaba en el solar.

--

Espero que ustedes, sus hijos,
al igual que yo,
hayan podido guardar en sus corazones
todos aquellos gratos momentos
compartidos con su padre.
Y aquello, que como padre
él no pudo,
o no supo brindarles,
ustedes, como padres y madres ahora,
o en un futuro cercano,
puedan proveerlo para sus hijos.

--

Que los recuerdos de su amor
y de sus cuidados,
permanezcan ahora
con todos ustedes,
y les traigan
paz y Consuelo

--

Su primo,
Berto.

"S-23: That's My Land"

At Longitude – 69° 18' 16", Latitude 18° 27' 52"
on a very special island
in the Eastern plain
there is a city
bathed by the Higuamo River
and the shores of the Caribbean Sea

--

Land of immigrants
who have brought the best of them
to immortalize this unique city,
land of illustrious figures
of the Liberal Arts,
Culture and Sports.

--

Land of Mosquitoes and sun,
of mangroves, beaches and coconut palms,
land of sugar mills,
of tracks and engines,
of cachispa, cheap rum and molasses,
of mill-towns and oxen and tractors.

--

Land of sweet women:
brunette, fair and black,
in all their shades and flavors.
Land where sweat is mixed with the daily humor
of the coachman, the ice-man, the dairyman
and coalman.

--

Land where the sugarcane grows
where the iron is forged where ball players
become stars, land where the Black island laborer
joins with the native-born and the foreigner

--

Land where time is spent

playing basketball, dominoes or chess
fishing from the shore
swimming in the stream
or simply playing ball
--
Land of the crab, of the Gullahs
and the guavaberry,
of dumplings with fish
and fish in cornmeal,
of coconetes and *yaniqueques*.
--
City in a nation
-The Dominican Republic-
where the world
once focused its attention
to make of her
the cradle of this civilization.
--
That is my Land!
Acknowledged by all.
For its ravishing sunsets—
and what of its sunrises?
Who has not witnessed them
from the edge of the sea?
--
That is my Land!
Province S-23!
Oriental Sultana!
Macorís of the East!
Macorís of the Sea!
San Pedro de Macorís!

Translation: Rhina P. Espaillat

¡Sí, Pero, No!

¡Sí, pero, no!
¡Sí! Al verte yo
Mi corazón
sobre ti se volcó.
¡Pero, no! Eso no,
nunca lo vas a saber
Por mi orgullo de mujer.
--
¡Sí, pero no!
¡Sí! Siento que al besarte,
mi cuerpo entero
te quiero entregar,
y mis fantasías realizar.
¡Pero, no! Eso no,
mi cuerpo lo tendrás que tomar
porque no te lo voy a entregar.
--
¡Sí, pero, no!
¡Sí! En las noches no puedo dormir
porque tu cuerpo quiero sentir
¡Pero, no! Eso no,
prefiero en mis noches desvelar
a que te vayas a enterar.
--
¡Sí, pero, no!
¡Sí! A la gloria contigo iré
o en las tinieblas me perderé
¡Pero, no! Eso no,
yo no te puedo perder
Porque perdería parte de mi ser
--
¡Sí, pero, no!…
¡Sí, pero, no!…

Soñador

Busco un amor
casi imposible de encontrar
en el mundo actual
donde TV-Novelas
y computadoras
gobiernan la vida
a toda hora.

--

Quisiera encontrar
un amor diferente;
como el de mi madre
hacia mi padre.
o quizás mejor;
como el de mi abuela
hacia mi abuelo.

--

No una mujer sumisa;
no una esclava;
sólo una compañera
comprometida con el amor
y el respeto mutuo
hacia su pareja.

--

Dirán que soy soñador,
que vivo el presente
en un mundo ausente,
si pretendo su pelo acariciar
y tomados de las manos
con orgullo caminar
por la avenida principal.

--

¡Olvídate de eso,
Que no vas a encontrar!
¡Échale mano a esto,

Que te va a encantar!
Me dicen los adictos
al sistema actual.
--
Más yo seguiré esperando
por aquella soñadora
-Al igual que yo-
que un día habrá de llegar,
y mis sueños realizar.

Te Quiero Hacer…

Te quiero hacer…
Te quiero hacer
sentir diferente.
Te quiero hacer
cambiar tu mente.
Te quiero hacer
una vida diferente
donde sólo tu estrella
brille en el firmamento,
y no te miento.
--
Te quiero hacer…
Te quiero hacer
la protagonista
de un sexo diseñado
donde "Mi lengua
hurgando entre tus surcos;
mis manos acariciando
cada milímetro de tu piel;
y mi ente atravesando tu vientre",
sea algo ya obsoleto.
--
Te quiero hacer…
Te quiero hacer
venirte a un mundo diferente
donde compenetrando
cuerpo y mente
lo tuyo y lo mío
en un sólo cuerpo
seamos los dos fundidos.
--
Te quiero hacer…
Te quiero hacer
diseñadora de un amor

muy especial.
¿Y por qué no espacial?
Donde tú, y sólo tú,
decidas el espacio
donde quieras flotar.
--
Te quiero hacer...
Te quiero hacer
el amor en el espacio,
sin traje espacial
ni cápsula sideral,
lejos de la Tierra ritual
donde algo muy diferente
Podamos experimentar.
--
Te quiero hacer...
Te quiero hacer
sentir un amor
salvaje o inocente
donde pueda penetrar
hasta lo más profundo,
no sólo de tu cuerpo,
sino también de tu mente.
--
Te quiero hacer...
Te quiero hacer,
amor, todo tan diferente
que me siento impotente
para diseñarlo en mi mente.
¡Aquí estoy!
¡Frente a ti!
¡Desnudo como nací!
Todo eso que
te quiero hacer
diséñalo tú en mí.

Toca a Mis Puertas

Si tú sientes que la gente
no te escucha,
no te entiende,
y que de ti se aparta.
no te acongojes.
¡Ven! Toca a mis puertas,
y entra.
Yo te escucharé.
Yo te comprenderé.
--
Si te sientes abandonada,
maltratada y no apreciada.
Traicionada por aquel
a quien le abriste tu corazón
y te pagó con traición.
No te abrumes.
¡Ven! Toca a mis puertas,
y entra.
Mis brazos abiertos te esperan.
Yo te daré amor puro y sincero
con muchos tiernos ¡Te quiero!
--
Ya lo verás
cómo en tu vida
todo cambiará
si a mis puertas
vienes a tocar.
¡Anda! ¡No tardes más!
La felicidad por ti espera.
¡Ven! Toca a mis puertas,
y entra.

Tóxico de Amor

Cuando te encontré
una marcada impresión
quedó de ti en mi corazón.
--
No me propuse buscarte
pero busqué de ti.
No me decidí a enamorarte
sin embargo, de ti me enamoré.
--
El lugar más importante
llenaste en mi corazón.
Ya no podía más
que pensar en ti,
desde el amanecer
hasta el anochecer.
Y aún en mis sueños,
ahí estabas tú.
--
Sin lugar a dudas,
estaba intoxicado de tu amor
en mi corazón,
y en mi pensamiento.
Cosas insignificantes
adquirían gran valor.
Lo imposible
pudiera resultar alcanzable
cuando se trataba de ti.
--
No había distancia
que pudiera impedir
que llegara yo hasta ti
mas, tú
no supiste apreciarme,
y no te culpo,

todo ese mundo nuevo
mezcla de fantasías,
y sueños, y realidades
que con todo mi amor
yo te ofrecía.
Obviamente, al parecer,
lo mismo por mí tú no lo sentías
--
Así que,
finalmente, me decidí
a desintoxicarme de ti.
Más, sólo, no lo podía lograr.
Busqué ayuda.
Me refugié en El Señor,
y le pedí, me liberé.
De esta amorosa ilusión,
poco a poco,
y con mucho esfuerzo,
tu tiempo y tu espacio,
en mi corazón
y en mi pensamiento
lo fui recuperando.
--
Y hoy te puedo decir,
que mi corazón,
al fin se desintoxicó
de tu cruel desamor.

Tu Copia

Hoy he vuelto a soñar
recordando el pasado
como la primera vez
que estuviste a mi lado.
--
Cuando la vi
asombrado me quedé
no lo podía creer
pues era exactamente
una copia extraída de ti:
el color de su tez
su pelo canelo-rojizo
su gracia al caminar
los destellos de sus ojos
al mirar, y esas curvas
de su cuerpo, que
¡Ay, mamá!
las cogería a toda velocidad
de arriba abajo.
De abajo a arriba
sin pensar
donde iría a parar.
--
Dios bendiga este lugar
que hoy he venido a visitar
pues me ha hecho recordar
esos labios sin igual
y su agresividad al hablar.
--
Hoy, me atrevería a decir
Sin ninguna vacilación lo que sentí en mi corazón:
Me gustas mucho.
Mucho.
¡Muchísimo!

Tu Corazón Habló Conmigo

Hoy, finalmente,
después de un tiempo
hurgando en tu corazón
y en tu mente,
tu corazón habló conmigo.
Y lo que me contó, ciertamente,
me ha dejado muy impresionado.
--
Me habló de una niña
que una vez reía.
Que una vez jugaba.
Que una vez soñaba
en su propio mundo paradisíaco.
--
También me contó
que abruptamente
una nube negra
obscureció su firmamento
tornando en tristeza
toda su alegría,
y en pesadilla
sus inocentes sueños.
--
Me habló de una flor
como no había otra.
De exquisito aroma
y vívido color
que crecía protegida
por la madre naturaleza
con mucho cuidado
y con mucho amor,
hasta que un día,
siniestras manos
truncaron su crecimiento

y marchitaron su esplendor.
--
Me dijo tu corazón
que he llegado a tu vida
en el momento oportuno
para sacarte de tu letargo
y despejar la obscuridad
que entristece tu vida.
--
Me aconsejó
cultivar nuevamente aquella flor.
Regarla cada día
con mucha paciencia
con mucho amor
y comprensión,
hasta que de nuevo
el capullo vuelva a resurgir
lleno de vida y de color.
--
Entonces, y sólo entonces,
la podré trasplantar
y sembrarla por siempre
dentro de mi corazón.

Vida. Muerte. Salvación

En un típico día
sale el sol
de entre nubes y montañas.
Lo ves deslumbrar
en una planicie central, y
sube a su punto más alto
en el firmamento.
Luego, empieza a descender
hasta darnos
un atardecer espectacular
y un romántico anochecer.
--
Sin embargo,
no todos tenemos el privilegio
de observar un nuevo amanecer
y su correspondiente anochecer
porque la vida
no le es garantizada
a ninguna persona en este mundo.
--
Sólo sabemos que nacemos
y que vivimos.
Cuenta no nos damos
cuando nos morimos
porque arrebatados somos
de esta vida transicional,
pues el hálito de vida
-El espíritu-
que había estado acompañando tu cuerpo
de él, súbitamente, se ha separado
y ha emigrado a un mundo diferente.
--
Tu cuerpo, inerte -sin vida-
a la tumba fría irá a parar,

o habrá de permanecer
en aquel inalcanzable lugar
donde la muerte te sorprendió.

--

Pudieras estar durmiendo, o despierto
caminando o parado
cantando o bailando
jugando o peleando
trabajando o descansando
haciendo la paz,
o incitando a la Guerra.
No importa la hora, ni el lugar
tampoco la actividad
en que envuelto estés.

--

Lo cierto es, que la vida
la pierdes en un momento,
y ese momento
a todos nos sorprende
porque nos llega, sencillamente,
cuando uno menos lo espera.

--

Y aún si lo has estado esperando
no te das cuenta
de cuando te llega.
Te vas a otro mundo
para nosotros desconocido
pues, nadie regresa
a contarnos su nueva experiencia
acerca de la vida
después de la muerte.

--

Sólo sabemos- al través de la Santa Biblia-
que debemos estar preparados
para ese impredecible momento
en que perderemos la vida

porque hay una promesa…
si aceptas al Señor
como tu único Salvador.

--

¡El Señor sana!
¡El Señor perdona!
¡El Señor salva!
¡Entrégale tu vida!
¡Ábrele tu Corazón!
¡Cambia tu mente!
Serás diferente
y estarás preparado
para cuando te sorprenda
la muerte.

--

Y una vez más
podremos confirmar
aquella enseñanza bíblica
que relata nuestra creación:
… pues polvo eres…
y al polvo volverás.
-Génesis 3; ver. 19-

--

Nosotros no reconocemos
cuán afortunados somos
al disfrutar de otro día de vida
cada día que vivimos a plenitud.

--

A veces damos las gracias
al Todopoderoso -Divino Creador-
por los triunfos
o por las cosas buenas
que acontecen en nuestras vidas.

--

Otras veces seguimos su doctrina
sin abrazarnos
a una denominación en particular

y hacemos el bien
sin mirar a quien.
¿Nos podrá esto salvar?

WCO

Me imagino verte
dándote los toques finales
para dejar el hogar,
rumbo al trabajo.
Good-bye, my love!
See you later!
¡Adiós, mi Negro!
Whatever...!
--
Te montas en la jeepeta,
enciendes el motor
y automáticamente
El Calentón de la Mañana
se dispara en el radio.
Lo disfrutas todo el trayecto.
Al pararte en Dunkin Donuts
mantienes la sintonía
y lo continúas en la oficina,
antes de empezar la rutina.
--
Por mucho tiempo así sucedió
hasta que un día
el panorama se obscureció.
¡Sí! ¡Es cierto!
Había llegado una nueva luz,
pero se nos apagó un generador
cuya energía ya no irradia
para mantener la armonía
o la controversia cada día.
--
Eras más que
un calentón de la mañana.
Eras la brisa fresca.
El místico rocío.

Un bello amanecer,
el cual nos lo ha robado
el osbcuro anochecer.

War. Peace. Love

Powerful people attempt
to change the world
with their rival systems,
that keep us in fear.
--
They seek war in times of peace.
They work for peace in times of war,
conducting dangerous games
in which we are the only losers.
--
No more hatred, no more wars
or this world will be lost.
No more rancor, but more love
or we will lose the best of life.
--
The systems in power
do not listen to their people,
who prefer peace, not war,
who prefer love, not rancor.
--
Let us rescue them from this error.
Enough of so much pain!
Peace in the world depends on love
Yes, on love, on love…

Where Is Your Love?

Yesterday,
When I first met you,
I fell in love with you
and you surrendered
yourself to me entirely.

--

Heart and body.
Your tender "I love you"
is the treasure
of my heart.
We've enjoyed our love
but now, out of that love,
has come pain.

--

Today,
I'm filled with confusion
because the destiny
which yesterday united us
today is separating us,
and I'm feeling pain
as I never would
have imagined possible.

--

And I ask myself now,
where is your love?
Which you gave me
so freely yesterday,
but today you withhold.
Where is your love?
If you are pushing me
away from you now,
when I need of your love the most,

Your warmth,

and your understanding.

Where is your love?
Show me your love!

Y Qué Me Importa

Y qué me importa la vida.
Y qué me importa la muerte,
si lo que más ansío en la vida
es tenerte hasta la muerte.
--
Y qué me importa tu pasado.
Y qué me importa si te han amado.
Haría todo lo que pidieras
sólo por estar a tu lado
--
Y qué me importa lo que digan
aquellos que una vez amaron,
pero que hoy no recuerdan
que también estuvieron enamorados
--
Y qué me importa la distancia
si de tu cuerpo guardo la fragancia.
Y qué me importa esta ausencia
si sólo en mí tú piensas.
--
Y qué me importa si el destino
bifurca un día nuestros caminos
si te llevas contigo mi vida
y se queda conmigo tu amor.
--
Y qué me importa.
Ya, nada importa.
Si ya tú no serás tú
Si ya yo no seré yo.

¿Y Yo, Dónde Estoy, Señor?

De entre las nubes te veo salir.
Triunfante te ves.
Con sonidos de trompetas vienes
a tu pueblo a rescatar
tal como prometiste ayer.
--
El mundo se conmueve.
Gran confusión
reina por doquier,
aún para aquellos
que le han sido fieles.
--
Los que viven, muriendo están.
Los sepultados ya no esperan más.
Todo está listo
para el juicio final.
--
Veo a mis padres,
hermanos y amigos.
Y hasta aquel desconocido
felizmente a mi lado veo pasar.
--
El juicio ha comenzado.
Pocos escogidos son.
Uno a uno los veo subir.
Los condenados
a los fuegos arrojados son
¡Gritan de dolor!
--
Y Yo, ¿dónde estoy, Señor?
Y Yo, ¿dónde estoy, Señor?
Le preguntaba yo desesperado
una y otra vez,
en lo que mi sueño fue

del juicio final.
Ahora, despierto ya,
le vuelvo a preguntar,
¿Y Yo, dónde estoy, Señor?
¿Y Yo, dónde estoy, Señor?

Yo No Sabía… Tú No Sabías…

Yo no sabía
cuánto te quería
y cómo te extrañaría
sino hasta hoy
que lejos de ti estoy.

--

Tú te creías
que yo no sabía
cuánto me querías
y que por mi amor
de todo capaz serías.

--

Pero tú no sabías,
y te lo confieso hoy,
los desvelos
que me han causado
los días y las noches
sin tu amor.

--

Y la ansiedad que me provoca
el besar otra boca
queriendo encontrar
ese beso singular
que sólo en tus labios
he podido hallar.

--

Tú no sabías
pero entérate hoy
que aún conserva mi cuerpo
tu aroma y tu calor
y que de mí
no ha podido el tiempo borrar
las sensibles huellas de tus labios
y de tus manos al acariciar.

Y que pretendidos amores
matizados de sabores
jamás te han podido igualar.
--
Yo no sabía…
Tú no sabías…
¡Enterémonos hoy!

You Are

You are, I know that you are,
the woman I've been waiting for.
You are, yes, you are,
the one who has raised on me
those strange sensations,
those strange feelings
hidden very deep in my heart
for a long time.
--
Yes, you are, I know that you are
the kind of woman whom I'd like
to tie my life to from now on
and forever more,
because all my life through
I hadn't felt such a great feeling
for anyone else, but you.
--
You are, yes, you are,
because anytime
I look at you
It's my heart
that sees you
and it tells me
there is the woman
of your dreams,
the woman of your life
--
Don't let her go away!

Otros libros publicados por Books & Smith:

Versenal (Poesía, 2016)
de Edgar Smith

Cuentos Raros (Cuento, 2016)
de Edgar Smith

Una cena inolvidable y otros relatos
(Cuento, 2016)
de José Minaya

Versos Transversales (Poesía, 2015)
de Purino Moscoso

Norumbega: poesía selecta (Poesía, 2014)
de Luis María Lettieri

Visite WWW.BOOKSANDSMITH.COM para
adquirir cualquiera de estos libros.

www.ingramcontent.com/pod-product-compliance
Lightning Source LLC
Chambersburg PA
CBHW051833040426
42447CB00006B/503